Charlie Ksiazek



# Kinderleicht Schminken

## Die schönsten Schminkideen für Jungs und Mädchen

# INHALT

# GRUND-ANLEITUNG

## Grundieren

Beginnen Sie beim Schminken immer erst mit der Grundierung. Benutzen Sie dafür ein Schwämmchen, das Sie mit Wasser anfeuchten und mit dem Sie anschließend die gewünschte Farbe aufnehmen. Tupfen Sie diese auf das Gesicht. Mehr Druck erzeugt mehr Deckkraft, weniger Druck eignet sich für einen dezenteren Look. Lassen Sie die Grundierung kurz antrocknen, dann können Sie im Anschluss ohne Probleme weitere Farben auftragen.

## Bärte schminken

Am schönsten wird der Bart, wenn Sie die angerührte Farbe mit einem Flachpinsel auf einen Bart- bzw. Stoppelschwamm streichen und ihn dann gleichmäßig auf das Gesicht tupfen. Achten Sie dabei darauf, dass die Farbe deckend, mit nicht zu viel Wasser, angerührt ist. Unter leichtem Druck wird der Bartschwamm aufgedrückt und im unteren Drittel des Gesichts platziert.

## Schattieren

Beim Schattieren ist das räumliche Vorstellungsvermögen gefragt. Helle Farben treten hervor, dunkle zurück. Alles was hervorgehoben werden soll, schattieren Sie heller ein und alles, worauf Sie nicht den Fokus legen, schattieren Sie dunkel. Sie können auch eine Wischtechnik einschattieren, um Wellen oder Farbverläufe stärker zu definieren.

## Wischtechnik

Für die Wischtechnik ist es wichtig, dass Sie ein gutes Mischverhältnis von Farbe und Wasser haben. Die Farbe darf nicht zu trocken sein, sonst verwischt sie nicht, und nicht zu nass, sonst haftet sie nicht. Bei der Wischtechnik streichen Sie verschiedene Farben in Streifen auf den Schwamm, sodass ein schöner Farbverlauf entstehen kann. Sie können auch sogenannte Split-Cakes verwenden, die schon über eine Art Regenbogenmuster verfügen, sodass Sie das angefeuchtete Schwämmchen nur noch eintauchen müssen. Wichtig ist, dass Sie während des Wischens nicht absetzen, sondern in einem Zug arbeiten.

## Glitzerpigmente

Wenn Sie Glitzer verwenden möchten, um den Look noch etwas glamouröser zu gestalten, befeuchten Sie den Pinsel etwas, tauchen Sie ihn in die Glitzerpigmente und tupfen Sie ihn sorgfältig auf die Farbe.

## Lidstrich

Verwenden Sie für den Lidstrich einen sehr feinen abgeschrägten Pinsel, sodass Sie ihn mit ruhiger Hand präzise am oberen Wimpernkranz ansetzen können. Achten Sie darauf, dass die Augen immer geschlossen bleiben. Nehmen Sie zur Unterstützung Daumen und Zeigefinger und fixieren Sie das Lid etwas. Dann können Sie einen geraden Strich von innen nach außen zeichnen.

## Ornamente

Beim kreieren der Ornamente ist Ihre Kreativität gefragt. Sie verwenden am besten einen Triangel- oder Rundpinsel und versuchen Abwechslung in Stärke, Schwung und Farben in den gewählten Look zu zaubern. Verzieren Sie die Ornamente gerne mit Lichtreflexen in Gold- und Silbertönen oder auch mit Glitzerpigmenten.

## Wasserfarben

Wasserfarben eignen sich im Gegensatz zu Fettschminke für das ganze Gesicht. Sie haben den Vorteil, dass man darunter nicht zu schwitzen beginnt. Die wasserlösliche Theaterschminke wird wie die üblichen Wasserfarben angemischt, die jeder noch aus seiner Schulzeit kennt. Man kann sie in einem Malkasten oder auch einzeln, als Grundfarben zum Mischen, erwerben.

## Pinsel

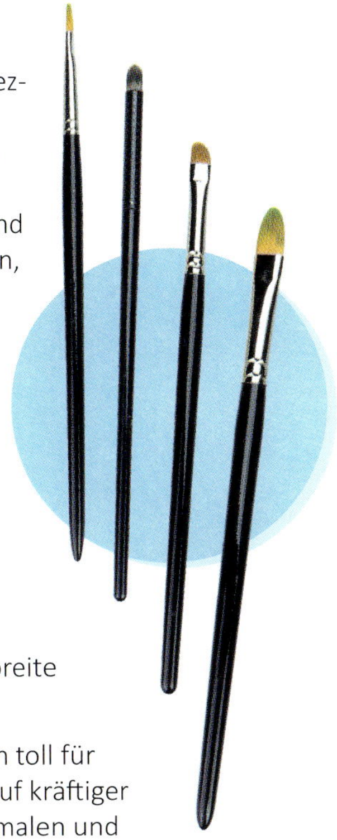

Zum Schminken eignen sich spezielle Body/Face Painting Pinsel, sowie Fett und jegliche Art von synthetischen Pinseln, da sich diese gut auswaschen lassen und in Form bleiben. Die wichtigsten, die in diesem Buch verwendet wurden, sind:

Rundpinsel, die gut geeignet sind, um Linien zu zeichnen, die zum Ende hin feiner werden.

Triangelpinsel verwenden Sie, um zweifarbige Ornamente zu zeichnen.

Mit Flachpinseln erstellen Sie breite Linien oder Flächen.

Katzenzungenpinsel eignen sich toll für ganz feine Linien oder im Verlauf kräftiger werdende Schnörkel, zum Ausmalen und Schattieren.

Legen Sie sich zum Schminken eine Auswahl feiner, breiter und mittelbreiter Pinsel zurecht.

## Tipps und Tricks

Achten Sie bei der Grundierung und Flächenerstellung darauf, dass die Farben ganz trocken sind, bevor Sie weiter schminken.

Wenn Sie etwas ausbessern müssen, denken Sie daran, dass Weiß und hellere Farben womöglich nicht die dunkleren Farben decken.

Testen Sie, bevor Sie eine neue Technik anwenden, Textur, Pinsel oder Schwämmchen immer auf Ihrem Handrücken, bevor Sie das Gesicht schminken.

Ich wünsche Ihnen viel Freude beim Erschaffen und Schminken sowie beim Lesen meines Buches und hoffe, dass ich Ihnen mit wertvollen Tipps und Tricks zur Seite stehen kann.

Ihre Charlie

# HUND

**MATERIAL** wasserlösliche Schminkfarbe in Weiß, Braun, Rot und Schwarz • Schwamm • feiner Pinsel

1

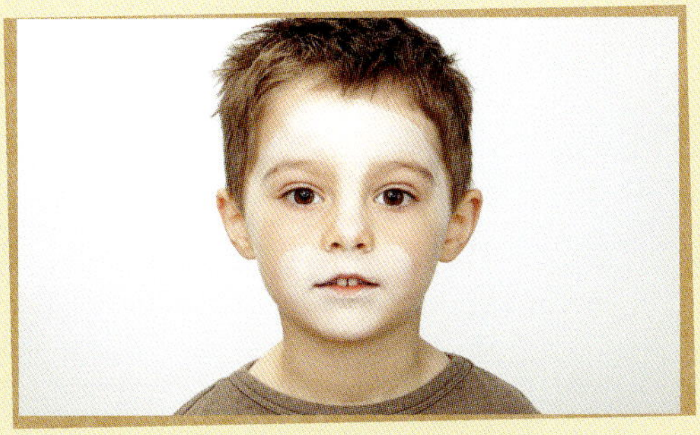

Tragen Sie mit einem angefeuchteten Schwämmchen die Grundierung in Weiß auf Stirn und Nasenrücken auf und lassen Sie diese leicht nach unten auslaufen. Formen Sie auf die gleiche Weise eine Schnauze um den Mund.

2

Zeichnen Sie mit einem dünnen Pinsel und brauner Farbe die Konturen als Haarschopf auf, dabei dürfen die Linien um den Mund und an der Stirn etwas gezackt werden. Mit einem dunklen Braunton formen Sie Nase und Mund zur Hundeschnauze und zeichnen die Flecken an der oberen Kontur und an der Augenbraue ein. Tragen Sie zum Schluss die Punkte für die Schnurrhaare auf.

3

Zeichnen Sie die rote Zunge von der Unterlippe hinunter zum Kinn mit einem feinen Pinsel ein. Malen Sie die Zunge rot aus und definieren Sie die Kontur in Schwarz. Zusätzlich kann mit weißer Farbe noch ein Lichtreflex auf die Zunge aufgezeichnet werden.

## Einfache Variante:

**1** Tupfen Sie mit einem leicht angefeuchteten Schwamm ein weißes Schnäuzchen auf.

**2** Umranden Sie mit einem feinen Pinsel das Schnäuzchen mit einer Zackenlinie. Ergänzen Sie mit dem gleichen Pinsel die Nase und den Mund sowie die Punkte für die Schnurrhaare.

**3** Die rote Zunge wird zum Schluss von der Unterlippe hinunter zum Kinn gezeichnet. Malen Sie die Zunge rot aus und definieren Sie sie in Dunkelbraun oder Schwarz. Verwenden Sie dafür einen feinen Pinsel.

1

Tragen Sie auf die Stirnmitte mit einem mittelbreiten Pinsel eine Muschel in Gelb auf. Zeichnen Sie dafür fünf Bögen und lassen Sie die Muschel zur Nase hin schmal enden. Umranden Sie die Muschel dann mit einem feinen Pinsel in Silber.

2

Tauchen Sie Ihr Schwämmchen in eine bereits gemischte Cake-Palette in Blau-Grün oder mischen Sie verschiedene Blau- und Grüntöne, um einen schönen Farbverlauf der Seitenpartien zu erzielen. Achten Sie darauf, dass die Farbe nicht zu trocken ist, wenn Sie sie auf die Seiten des Gesichts auftragen. Wischen Sie mit dem Schwamm gleichmäßig von innen nach außen. Tragen Sie anschließend mit einem Pinsel einige Akzente auf.

3

Zeichnen Sie nun auf die Wischtechnik mit einem Pinsel feine Ornamente und Schnörkel in Silber, Blau, Gold und Grün, sodass sich ein Wellenmuster ergibt. Lassen Sie die Schnörkel an der Schläfe nach oben, die Schnörkel an der Wange nach unten auslaufen.

4

Verzieren Sie die Muschel oberhalb mit wellenförmigen Kringeln und malen Sie zur Vervollständigung unterhalb der Augen und auf dem Nasenrücken ein paar Tropfen in Türkis und Silber auf.

Make it easy

## Einfache Variante:

**1** Malen Sie mit einem mittelbreiten Pinsel eine Muschel auf die Mitte der Stirn. Wählen Sie dafür die Farbe Gelb, um die Muschel auszumalen, und Silber, um sie mit einem feinen Pinsel zu verschönern.

**2** Wassertropfen in verschiedenen Blautönen malen Sie mit einem feinen Pinsel auf eine Seite der Wangen auf. Lassen Sie die Tropfen in unterschiedliche Richtungen spitz zulaufen. Anschließend können Sie mit Silber noch kleine Akzente an die Ränder der Tropfen setzen.

# MEERJUNGFRAU

**MATERIAL** wasserlösliche Schminkfarbe in Gelb, Silber, Blau, Grün, Gold und Türkis • Split-Cake in Blau-Grün • mittelbreiter Pinsel • feiner Pinsel • Schwamm

# ZAUBERER

**MATERIAL** wasserlösliche Schminkfarbe in Braun, Gold und Weiß • feiner Pinsel

1

Zeichnen Sie mit einem feinen Pinsel die Konturen des Schnurrbartes in Braun vor. Beginnen Sie über den Lippenbögen und lassen Sie den Bart spitz nach oben zulaufen. Malen Sie den Schnurrbart mit dunkelbrauner Farbe aus.

3

Das Monokel wird mit feinen Strichen in Gold und Weiß verziert. Ergänzen Sie auf der ungeschminkten Wange noch drei Sterne im gleichen Goldton.

2

Für das Monokel malen Sie mit einem feinen Pinsel einen Kreis im gleichen Braunton um das rechte Auge. Hierbei wird die Augenbraue übermalt. Deuten Sie die Kette des Monokels mit zwei nach unten auslaufenden Linien an. Beginnen Sie in der Mitte des Monokels und führen Sie die Linien auf Höhe des Kinns zusammen.

## Einfache Variante:

**1** Malen Sie mit einem feinen Pinsel den Schnurrbart in Dunkelbraun auf. Beginnen Sie über den Lippen und ziehen Sie die Linie nach außen und etwas nach oben. Malen Sie den Schnurrbart aus.

**2** Verzieren Sie die Wangen mit drei linienförmig angeordneten goldfarbenen Sternen, die Sie mit einem feinen Pinsel auftragen.

# MAUS

**MATERIAL** wasserlösliche Schminkfarbe in Rosa, Schwarz, Rot und Weiß • Schwamm • feiner Pinsel

1

Nehmen Sie mit einem Schwämmchen etwas Farbe in Rosa auf. Tupfen Sie sie mit leichtem Druck als Rouge auf die Wangen. Die Nasenspitze ziert ein kleines Herz in Schwarz, das Sie mit einem feinen Pinsel aufzeichnen.

2

Schminken Sie das Schnäuzchen, indem Sie auf beide Gesichtshälften jeweils mehrere Punkte und drei Striche in Schwarz als Schnurrhaare aufmalen.

3

Der Mund wird, wie die Nase, zu einem Herz geformt. Hierzu eignet sich am besten ein sehr feiner Pinsel und rote Farbe. Malen Sie zusätzlich zu den schwarzen Punkten noch weiße Punkte auf. Tragen Sie zum Schluss einen Lidstrich in Schwarz dünn am Wimpernkranz auf. Ziehen Sie ihn von innen nach außen, während das Auge geschlossen ist.

Make it easy

## Einfache Variante:

**1** Zeichnen Sie mit einem feinen Pinsel ein Herz in Schwarz auf die Nasenspitze und setzen Sie links und rechts davon jeweils drei Striche für die Schnurrhaare.

**2** Übermalen Sie die Lippenmitte mit einem kleinen Herz in Rot.

1

Grundieren Sie das Gesicht mit oranger Farbe, die Sie mit etwas Braun gemischt haben. Tupfen Sie dabei das Schwämmchen nur ganz leicht auf das Gesicht, damit die Farbe nicht zu deckend wird, sondern transparent wirkt.

2

Tragen Sie mit einem mittelbreiten Pinsel die Tigerstreifen in Schwarz auf. Beginnen Sie an der Stirnmitte und arbeiten Sie sich dann zu den Wangen hinunter. Achten Sie darauf, sowohl längere als auch kürzere Streifen aufzumalen und geben Sie ihnen einen leichten Schwung.

3

Malen Sie auf die Nase in Herzform die Schnauze des Tigers auf. Ergänzen Sie zwei Linien, die jeweils vom Nasensteg zum Lippenbogen laufen.

4

Verfeinern Sie zum Schluss die Streifen des Tigers mit einem feinen Pinsel und weißer Farbe. Setzen Sie den weißen Akzent jeweils oberhalb des schwarzen Streifens, sodass abwechselnd schwarze und weiße Streifen zu sehen sind.

## Einfache Variante:

**1** Grundieren Sie mit einem angefeuchteten Schwämmchen, das Sie in Orange-Braun gemischte Farbe tauchen, das Gesicht bis über die Wangen.

**2** Zeichnen Sie mit einem mittelbreiten Pinsel schwarze Streifen auf. Beginnen Sie dabei an der Stirn.

**3** Ergänzen Sie das Schnäuzchen mit einem schwarzen Herz und zwei Linien, die von der Nase zu den Lippenbögen laufen.

# TIGER

**MATERIAL** wasserlösliche Schminkfarbe in Orange, Braun, Schwarz und Weiß • Schwamm • mittelbreiter Pinsel • feiner Pinsel

1

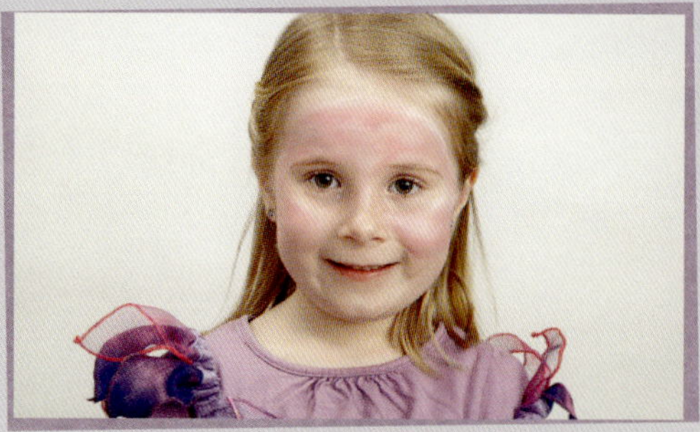

Grundieren Sie das Gesicht mit einem Schwämmchen rosa und weiß. Verteilen Sie die Farbe dabei mit sanftem Druck von der Stirn bis hinunter auf die Wangen.

2

Wählen Sie einen violetten Farbton und zeichnen Sie mit einem feinen Pinsel Blumen in Form von Sternen auf. Ergänzen Sie anschließend geschwungene Ornamente nach Belieben. Besonders schön sind etwas größere Ornamente neben den Augen und ein Akzent über der Nase.

3

Veredeln Sie die Blumen und Ornamente mit Farbe in Silber und Weiß. Umranden Sie die Blumen und geben Sie den Ornamenten silberne Akzente. Tragen Sie zum Schluss Lidschatten in Rosa auf.

Make it easy

## Einfache Variante:

**1** Wählen Sie einen Rosaton und malen Sie mit einem feinen Pinsel Blumen in Form von Sternen auf das Gesicht auf. Variieren Sie dabei zwischen größeren und kleineren Blüten.

**2** Zeichnen Sie mit einem feinen Pinsel violette Blumenstempel auf.

**3** Setzen Sie an den Rändern der größeren Blüten mit einem feinen Pinsel schmale Akzente in Weiß.

# BLUMENMÄDCHEN

**MATERIAL** wasserlösliche Schminkfarbe in Rosa, Weiß, Violett und Silber • Lidschatten in Rosa • Schwamm • feiner Pinsel

# COWBOY

**MATERIAL** wasserlösliche Schminkfarbe in Braun und Beige • feiner Pinsel • breiter Pinsel • Bartschwamm

1

Stricheln Sie die Augenbrauen mit einem feinen Pinsel in einem mittleren Braunton. Zeichnen Sie den Schnurrbart in demselben Braun schön schwungvoll von innen nach außen auf und malen Sie ihn aus.

2

Streichen Sie mit einem großen flachen Pinsel den bereits angerührten Braunton auf einen Bartschwamm und tupfen Sie ihn langsam und präzise auf das untere Drittel des Gesichts auf.

3

Nehmen Sie mit einem feinen Pinsel den Beigeton auf und schattieren Sie die Augenbrauen und den Schnurrbart mit feinen Strichen.

## Einfache Variante:

**1** Zeichnen Sie mit einem feinen Pinsel den Schnurrbart in einem mittleren Braunton etwas oberhalb der Lippenmitte an und malen Sie ihn dann aus.

**2** Die Augenbrauen stricheln Sie mit einem feinen Pinsel im gleichen Braunton.

1

Nehmen Sie mit einem angefeuchteten Schwämmchen hellblaue und weiße Farbe gemischt auf und tragen Sie sie auf die Stirn, die Nase und die Schläfen auf.

2

Tragen Sie mit einem sehr feinen Pinsel nach dem Trocknen die Eiskristalle, Sterne und Verzierungen in Weiß auf. Beginnen Sie mit den größeren Ornamenten und enden Sie mit den kleinsten Elementen.

3

Malen Sie mit silberner Farbe die Ornamente nach und arbeiten Sie Details aus. Tragen Sie zum Schluss noch schimmernden Lidschatten und Lipgloss auf.

Make it easy

## Einfache Variante:

**1** Nehmen Sie mit einem angefeuchteten Schwämmchen hellblaue und weiße Farbe gemischt auf und tragen Sie sie auf die Stirn, die Nase und die Schläfen auf. Kurz trocknen lassen.

**2** Malen Sie mit einem sehr feinen Pinsel weiße oder silberne Applikationen in Form von Eiskristallen auf. Beginnen Sie mit langen Linien über der Nase und malen Sie dann die Verästelungen dazu.

**3** Ergänzen Sie mit einem feinen Pinsel silberne oder weiße Sterne.

# EISPRINZESSIN

**MATERIAL** wasserlösliche Schminkfarbe in Hellblau, Weiß und Silber • irisierender Lidschatten • Lipgloss • Schwamm • feiner Pinsel

# SPINNENMANN

**MATERIAL** wasserlösliche Schminkfarbe in Rot, Weiß und Schwarz • mittelbreiter Pinsel • feiner Pinsel • ggf. Schwamm

1

Tragen Sie die Stirnpartie mit einem mittelbreiten Pinsel und roter Farbe auf. Achten Sie auf eine geschwungene Form und lassen Sie sie am Augenwinkel, über den Augen und der Nase jeweils spitz zulaufen. Die Stirn wird in Rot ausgemalt.

2

Achten Sie darauf, dass die rote Farbe getrocknet ist, bevor Sie nun mit einem feineren Pinsel die Augenpartie in Weiß ausmalen. Auch die Augenlider werden weiß angemalt.

3

Umranden Sie die Augenpartie mit einem feinen Pinsel in Schwarz. Zeichnen Sie ausgehend von der Stirn die Spinnennetze, die sich bis zu den Wangenknochen erstrecken. Beginnen Sie mit den langen Linien und ergänzen Sie dann die kürzeren. Die kleine Spinne wird mittig unterhalb des Netzes aufgemalt.

## Einfache Variante:

**1** Grundieren Sie mit einem Schwamm eine Seite des Gesichts von der Schläfe über die Wangenknochen in Rot.

**2** Malen Sie eine kleine Spinne, die aus zwei Punkten und acht Beinen besteht, mit ihrem Netz auf. Zeichnen Sie für das Netz zunächst die längeren und anschließend die kürzeren Linien.

1

Tupfen Sie mit einem Schwämmchen ein helles Rot, das als Rouge dient, auf die Wangen. Zeichnen Sie anschließend mit einem Pinsel mittlerer Stärke das Schnäuzchen in Beige ein.

2

Malen Sie das Herz mit einem feinen Pinsel in Schwarz auf die Nasenspitze. Ergänzen Sie zwei Linien, die abwärts hin zum Mund bis in die Mundwinkel reichen. Danach werden die Punkte auf das beige Schnäuzchen aufgemalt und jeweils drei Schnurrhaare auf jede Gesichtsseite gezeichnet. Malen Sie den Zwischenraum über den Lippen weiß aus.

3

Ziehen Sie mit einem sehr feinen Pinsel den schwarzen Lidstrich. Färben Sie die Lippen mit einem Pinsel rot und verfeinern Sie die Schnurrhaare zum Schluss mit zarten weißen Strichen.

## Einfache Variante:

**1** Zeichnen Sie mit einem dünnen Pinsel die Herznase auf und verbinden Sie diese abwärts mit dem Mund. Lassen Sie die Linien des Schnäuzchens im Mundwinkel auslaufen.

**2** Setzen Sie anschließend in Schwarz die Schnurrhaare als Striche und die Punkte für das Schnäuzchen. Schminken Sie die Lippen rot.

# KATZE

**MATERIAL** wasserlösliche Schminkfarbe in Rot, Beige, Schwarz und Weiß • Schwamm • mittelbreiter Pinsel • feiner Pinsel

# WIKINGER

**MATERIAL** wasserlösliche Schminkfarbe in Dunkelbraun, Hellbraun und Beige • feiner Pinsel • Schwamm

1

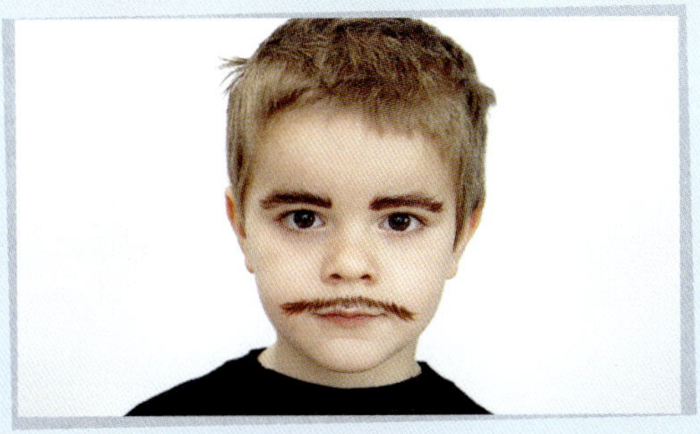

Stricheln Sie die Augenbrauen und Barthaare mit einem sehr feinen Pinsel und dunkelbrauner Farbe und übermalen Sie sie dann noch einmal wilder. Orientieren Sie sich am natürlichen Verlauf der Augenbrauen und zeichnen Sie den Schnurrbart breiter als den Mund.

2

Wählen Sie nun einen helleren Braunton, um mit dem Schwämmchen ein paar Schattierungen vorzunehmen. Tupfen Sie diese vorsichtig auf Stirn, Nase, Wangen und Kinn und verwischen Sie sie etwas.

3

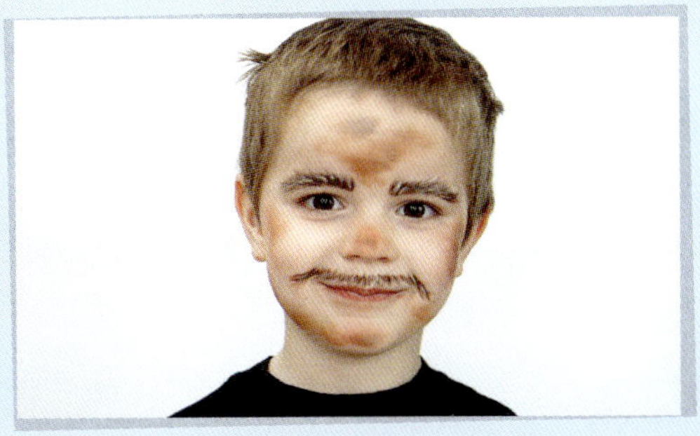

Arbeiten Sie mit Beige oder hellen Brauntönen ein paar Haare an den Augenbrauen und dem Bart nach. Stricheln Sie diese mit einem feinen Pinsel.

Make it easy

## Einfache Variante:

**1** Stricheln Sie mit einem sehr feinen Pinsel die einzelnen Augenbrauenhaare in Dunkelbraun nach, sodass sie etwas verstrubbelt wirken.

**2** Dieselbe Technik wenden Sie beim Zeichnen des Bartes an. Zeichnen Sie die Haare dabei von unten nach oben und etwas breiter als den Mund.

**1**

Tauchen Sie Ihr Schwämmchen in eine bereits gemischte Cake-Palette in Grün-Gelb oder mischen Sie verschiedene Gelb- und Grüntöne, um einen schönen Farbverlauf zu erzielen. Wischen Sie mit dem Schwamm eine Flügelform auf die Augenlider bis zum Haaransatz. Tupfen Sie dasselbe Farbmuster auf die Wangen.

**2**

Verzieren Sie die Flügel mit einem feinen Pinsel in Weiß. Zeichnen Sie ein größeres Ornament auf die Stirnmitte, daneben geschwungene Ornamente, Zacken über die Augenbrauen und Schläfen sowie kleine Punkte auf das gesamte Gesicht zur Verzierung. Verbinden Sie die Elemente auf der Stirn mit grüner Farbe.

**3**

Malen Sie den grün schimmernden Mund auf. Mischen Sie dafür etwas Gold aus Ihrer Farbpalette zu dem Grünton und tragen Sie die so entstandene Farbe mit einem feinen Pinsel auf. Verfeinern Sie die geschwungenen und gezackten Ornamente auf Stirn und Schläfen, indem Sie jeweils unterhalb einen schmalen Goldstreifen einzeichnen.

## Einfache Variante:

**1** Mischen Sie verschiedene Grün- und Gelbtöne an und nehmen Sie sie mit einem Schwämmchen auf oder tauchen Sie den Schwamm in eine grün-gelbe Cake-Palette. Tragen Sie die Farbe in einer schwungvollen Wischbewegung von innen nach außen hin zur Schläfe auf die Wangen auf.

**2** Definieren Sie den Look, indem Sie mit einem feinen Pinsel und denselben Farben im Anschluss noch einmal die Kontraste stärker herausarbeiten.

# WALDELFE

**MATERIAL** wasserlösliche Schminkfarbe in Gelb, Grün, Weiß und Gold • Split-Cake in Grün-Gelb • Schwamm • feiner Pinsel

1

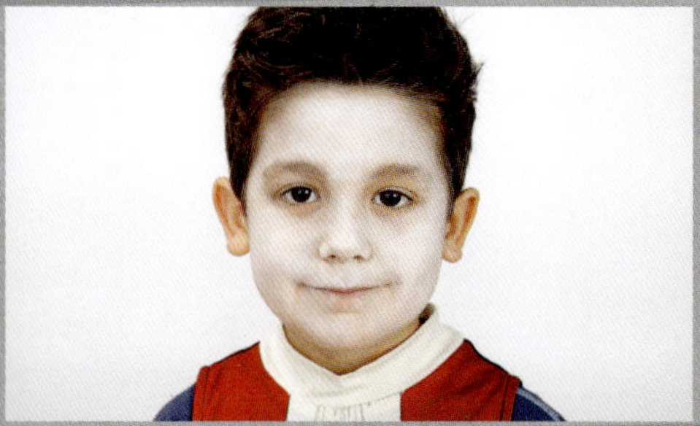

Nehmen Sie mit einem angefeuchteten Schwämmchen die weiß angerührte Farbe für die Grundierung auf und verteilen Sie diese unter leichtem Druck von der Stirn ausgehend über das ganze Gesicht. Sparen Sie die Augenpartie dabei aus.

2

Malen Sie nun mit schwarzer Farbe, die Sie zu einer deckenden Textur angerührt haben, und einem mittelbreiten Pinsel ein Dreieck vom Haaransatz hinunter über die Stirn. Zeichnen Sie über die Augenbrauen jeweils ein geschwungenes Dreieck in Richtung des Haaransatzes. Anschließend zeichnen Sie die Reißzähne von der Lippe beginnend mit einem feinen Pinsel auf und malen Sie weiß aus.

3

Malen Sie mit roter Farbe die Lippen aus und zeichnen Sie mit einem feinen Pinsel zwei Blutstropfen seitlich der Zähne. Umranden Sie zum Schluss das komplette Auge mit etwas grauem und rotem Lidschatten.

## Einfache Variante:

**1** Rühren Sie mit einem feinen Pinsel schwarze Farbe zu einer deckenden Textur an. Zeichnen Sie vom Haaransatz über die Stirnmitte ein Dreieck und malen Sie es schwarz aus.

**2** Zeichnen Sie über beide Augenbrauen ein Dreieck, die Spitzen zeigen dabei Richtung Haaransatz.

**3** Ergänzen Sie an der Unterlippe zwei Reißzähne. Malen Sie diese, wenn sie getrocknet sind, weiß aus.

# VAMPIR

**MATERIAL** wasserlösliche Schminkfarbe in Weiß, Schwarz und Rot • Lidschatten in Grau und Rot • Schwamm • mittelbreiter Pinsel • feiner Pinsel

1

Rühren Sie gelbe Farbe zu einer deckenden Textur an und malen Sie die Flügelform der Biene mit einem feinen Pinsel über beide Gesichtshälften auf. Malen Sie die Flügel mit einem mittelbreiten Pinsel aus.

2

Zeichnen Sie in die Mitte zwischen den Flügeln einen schwarzen Kreis oberhalb des Nasenrückens. Malen Sie mit einem feinen Pinsel die beiden Fühler an das Köpfchen. Fahren Sie die Fühler mit Gelb fein nach.

3

Zeichnen Sie mit einem feinen Pinsel die Streifen der Biene in Schwarz auf. Malen Sie auf jede Wange fünf Streifen, die Richtung Kinn immer kleiner werden. Achten Sie darauf, diese nicht über die gelben Flügel hinaus zu zeichnen.

Make it easy

## Einfache Variante:

1 Tauchen Sie das Schwämmchen in den angerührten gelben Farbton und tupfen Sie diesen großzügig auf die Wangen auf.

2 Nach dem Trocknen ergänzen Sie mit einem breiten Pinsel jeweils zwei Streifen in Schwarz und Gelb.

# BIENE

**MATERIAL** wasserlösliche Schminkfarbe in Gelb und Schwarz • feiner Pinsel • mittelbreiter Pinsel • ggf. Schwamm

# INDIANER

**MATERIAL** wasserlösliche Schminkfarbe in Türkis, Gold, Dunkelbraun, Hellbraun, Schwarz, Rot, Gelb und Weiß, ggf. Grün und Blau • feiner Pinsel • abgerundeter Pinsel

1

Rühren Sie die türkise Farbe mit einem feinen Pinsel zu einer deckenden Textur an. Beginnen Sie in der Stirnmitte die Edelsteine in Form von kleiner werdenden Kreisen zu zeichnen und malen Sie diese aus. Verbinden Sie die Edelsteine mit Gold und Dunkelbraun zu einem Band, das links mit einer Perle in Türkis endet.

2

Skizzieren Sie die Feder auf der linken Gesichtshälfte durch Stricheln mit einem feinen Pinsel in verschiedenen Brauntönen und Schwarz. Beginnen Sie mit der Mittellinie in Dunkelbraun und ergänzen die die Federteile links und rechts davon. Verwenden Sie anschließend hellere Töne und zeichnen Sie eine Verzierung aus zwei türkisen Perlen und dunkelbraunen Bändern an die Feder.

3

Auf die andere Wange zeichnen Sie mit einem abgerundeten Pinsel Linien aus Punkten in Rot, Gelb und Türkis. Setzen Sie mit einem feinen Pinsel in die Punkte jeweils einen goldenen Lichtreflex und verfeinern Sie die Feder und die Edelsteine mit einigen weißen Akzenten.

## Einfache Variante:

**1** Zeichnen Sie die Kriegsbemalung des Indianers mit roter, grüner, blauer und gelber Farbe auf. Verwenden Sie dafür immer einen mittelstarken Pinsel. Beginnen Sie mit dem schwungvollen Bogen in Rot, der über die Nase zu beiden Schläfen läuft.

**2** Zeichnen Sie unter die roten Bögen jeweils einen grünen und dunkelblauen Streifen. Schließen Sie die Bemalung mit gelben Punkten ab.

Make it easy

1

Verteilen Sie mit einem angefeuchteten Schwämmchen grüne Farbe ungleichmäßig auf Stirn, Nase und Wangenpartie. Wiederholen Sie dasselbe in abgeschwächter Form mit einem braunen Schlammton.

3

Mit einem feinen Pinsel werden auf der Wange in Braun die Spinnweben appliziert. Beginnen Sie mit den langen Linien und ergänzen Sie dann die Verbindungslinien.

2

Zeichnen Sie auf die Stirnmitte mit einem dünnen Pinsel einen Kreis in Dunkelbraun. Ergänzen Sie die Spinnenbeine und das Spinnenköpfchen. Malen Sie die Spinne in einem klaren Blauton, wie ein Schmuckstück, aus. Die Augenbrauen werden in einer wilden Zickzackform aufgemalt.

4

Verfeinern Sie mit einem dünnen Pinsel das Spinnennetz und die Augenbrauen in Weiß und setzen Sie einen Lichtreflex auf den Spinnenkörper.

## Einfache Variante:

**1** Mit einem leicht angefeuchteten Schwamm tupfen Sie die grüne Farbe auf die Wange. Lassen Sie die Farbe kurz trocknen.

**2** Malen Sie mit einem feinen Pinsel das Netz und die Spinne in einem dunklen Braunton auf. Anschließend kann das Netz mit weißer Farbe verfeinert werden.

# HEXE

**MATERIAL** wasserlösliche Schminkfarbe in Grün, Braun, Blau und Weiß • Schwamm • feiner Pinsel

# BÄR

**MATERIAL** wasserlösliche Schminkfarbe in Beige, Schwarz, Weiß und Braun • Schwamm • feiner Pinsel

1 Tupfen Sie mit einem angefeuchteten Schwämmchen über den Lippen ein Schnäuzchen in Beige auf. Zeichnen Sie nach dem Trocknen mit einem feinen Pinsel eine schwarze Herznase und verbinden Sie diese mit der Mundpartie. Übermalen Sie dabei die Oberlippe und lassen Sie die Linien schmal auslaufen.

2 Nach dem Trocknen tupfen Sie mit einem feinen Pinsel schwarze Punkte in das Schnäuzchen. Setzen Sie weiße Lichtreflexe auf die Punkte und definieren Sie das Schnäuzchen, indem Sie es weiß umranden.

3 Mit Weiß, Beige und Brauntönen werden die Augenbrauen des Bären in Form zweier Büschel gemalt. Beginnen Sie mit den hellen Farben und setzen Sie dann dunkle Akzente. Verwenden Sie dafür einen feinen Pinsel.

## Einfache Variante:

**1** Malen Sie auf die Nasenspitze ein schwarzes Herz und verbinden Sie dieses mit der Oberlippe. Malen Sie die Oberlippe aus und lassen Sie die Linie des Schnäuzchens nach oben zeigen.

**2** Tupfen Sie schwarze und weiße Punkte auf die Schnauze des Bären und verfeinern Sie die Kontur mit Farbe in Weiß.

1

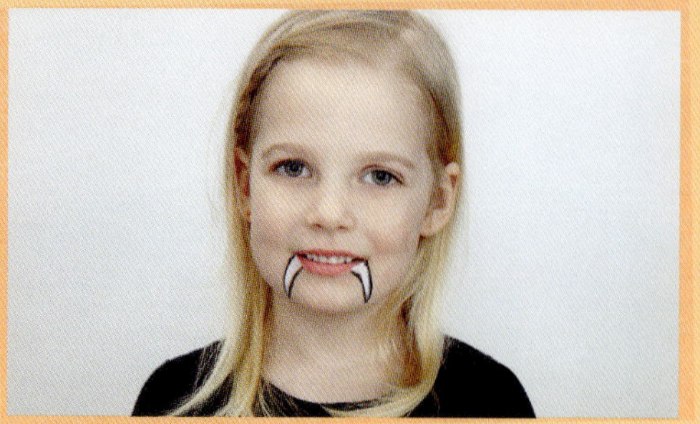

Zeichnen Sie die Reißzähne der Vampirin mit einem feinen Pinsel unterhalb der Unterlippe in Schwarz auf. Malen Sie sie nach dem Trocknen weiß aus. Färben Sie die Lippen anschließend mit einem feinen Pinsel rosa.

2

Mit Rosa werden die Augenpartien inklusive der Augenlider bis kurz unter den Haaransatz aufgezeichnet und anschließend ausgemalt. Orientieren Sie sich an der Größe der Augenbrauen und übermalen Sie diese vollständig. Lassen Sie die Augenpartie nach oben hin spitz zulaufen.

3

Zeichnen Sie an den oberen Rändern der Augenpartien, an den Augenwinkeln und unterhalb der Augen feine Verästelungen in Schwarz auf. Beginnen Sie mit den längeren Linien und ergänzen Sie anschließend die kürzeren. Ziehen Sie nun einen Lidstrich in Schwarz.

4

Verzieren Sie die schwarzen Verästelungen mit Weiß, Violett und Gold, um den Look der Vampirin noch glamouröser wirken zu lassen. Beginnen Sie mit den violetten Linien und setzen Sie dann mit den helleren Farben zusätzliche Akzente.

## Einfache Variante:

**1** Zeichnen Sie eine große und eine kleine Federmaus auf die linke Wange. Verwenden Sie dafür schwarze Farbe und einen feinen Pinsel. Am leichtesten zeichnen Sie eine Fledermaus mit einem Kreis für den Körper und Dreiecken für die Flügel.

**2** Zeichnen Sie die Reißzähne in Schwarz unterhalb der Unterlippe mit einem feinen Pinsel auf. Malen Sie sie nach dem Trocknen weiß aus und färben Sie die Lippen rosa.

# VAMPIRDAME

**MATERIAL** wasserlösliche Schminkfarbe in Schwarz, Weiß, Rosa, Violett und Gold • feiner Pinsel

# CLOWN

**MATERIAL** wasserlösliche Schminkfarbe in Rot, Schwarz, Grün, Violett und Gelb • mittelbreiter Pinsel

**1**

Rühren Sie rote Farbe zu einer deckenden Textur an und färben Sie die Nase, etwas breiter als ihre natürliche Form, damit ein. Zeichnen Sie zwei rote Kreise auf die Wangen und färben Sie die Lippen ebenfalls rot.

**2**

Mit schwarzer Farbe werden mit einem Pinsel mittlerer Breite vier Dreiecke aufgemalt, die Sie jeweils oberhalb und unterhalb des Auges positionieren. Die Spitzen der Dreiecke zeigen vom Auge weg. Malen Sie die Dreiecke aus und setzen Sie über die Spitzen jeweils einen kleinen Punkt.

**3**

Die Augenbrauen werden in Grün und Violett großzügig nachgestrichelt. Achten Sie darauf, die Augenbrauen kräftig einzufärben. Als Lidschatten verwenden Sie gelbe Schminkfarbe. Die Farbe sollte erst antrocknen bevor das Auge wieder geöffnet wird.

## Einfache Variante:

**1** Malen Sie mit einem mittelbreiten Pinsel die Nase in Rot an. Die Farbe wird etwas breiter aufgetragen, als es die Nase ist.

**2** Zeichnen Sie auf jede Wange einen roten Kreis und malen Sie die Lippen im selben Farbton an.

1

Malen Sie mit einem feinen Pinsel ein Herz in Braun auf die Nasenspitze. Verbinden Sie das Herz mit dünnen Linien mit den Augenbrauen. Übermalen Sie die Augenbrauen anschließend. Ein schöner dunkler Braunton eignet sich besonders gut.

2

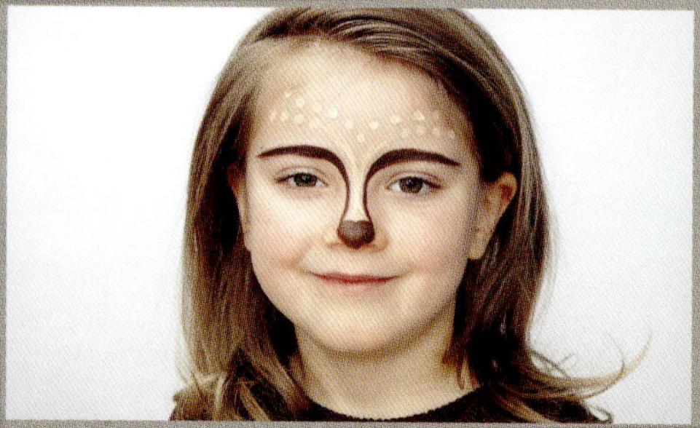

Setzen Sie nun Akzente in Beige in Form von zwei gestrichelten Linien, die über dem Herz beginnen und über den Augenbrauen enden. Verzieren Sie die Stirn mit kleinen Punkten in Beige. Besonders schön wirken zwei Reihen, die sich an der Form der Augenbrauen orientieren.

3

Verzieren Sie die Wangen mit kleinen Punkten in Beige mit weißen Akzenten. Ordnen Sie die Punkte dafür in zwei Reihen an. Ziehen Sie zum Schluss einen Lidstrich im Braunton der Herznase.

Make it easy

## Einfache Variante:

**1** Für das Einzeichnen der Nase verwenden Sie einen feinen Pinsel und einen mittleren Braunton. Zeichnen Sie zunächst die Herzform auf die Nasenspitze.

**2** Zeichnen Sie ausgehend vom Herz links und rechts vom Nasenrücken aufwärts die Begrenzung.

**3** Verzieren Sie die Wangen mit kleinen Punkten in Beige.

# REH

**MATERIAL** wasserlösliche Schminkfarbe in Braun, Beige und Weiß • feiner Pinsel

1

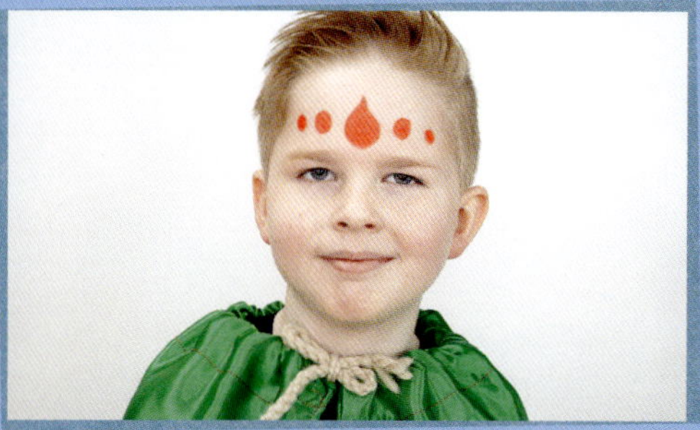

Malen Sie mit einem feinen Pinsel eine Tropfenform in Rot auf die Stirnmitte und setzen Sie daneben kleiner werdende Kreise. Malen Sie diese aus.

2

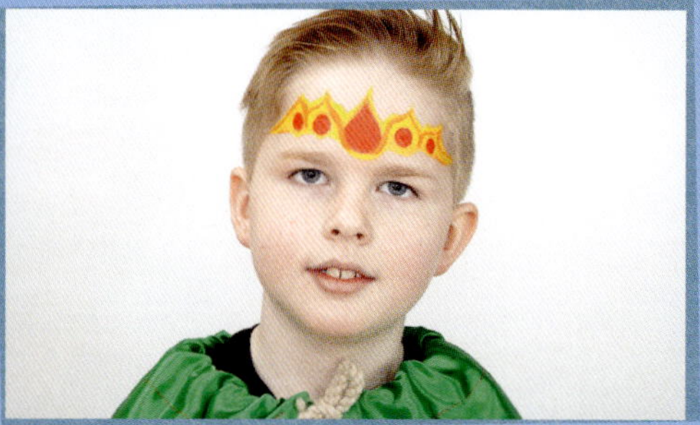

Mischen Sie goldgelbe Farbe an und verbinden Sie die roten Kreise großzügig und mit nach oben laufenden Spitzen, sodass die Form einer Krone entsteht. Mit einem dünnen Pinsel arbeiten Sie die Verbindungstellen in Orange heraus.

3

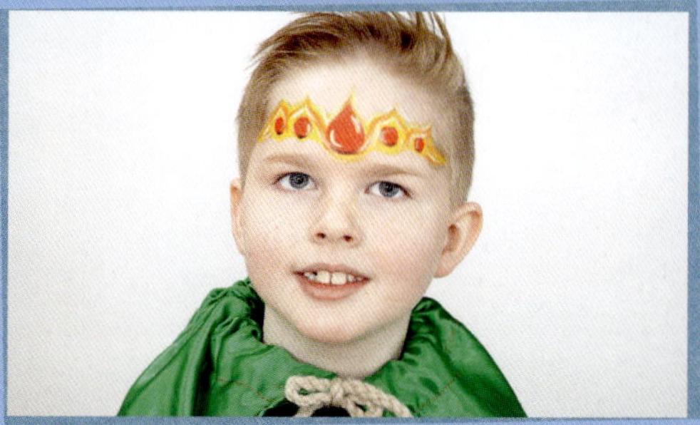

Setzen Sie mit weißer Farbe einige Lichtreflexe, sowohl in die roten als auch in die gelben Flächen. Mit schwarzer Farbe geben Sie den roten Edelsteinen der Krone an den Unterseiten noch etwas Tiefe.

4

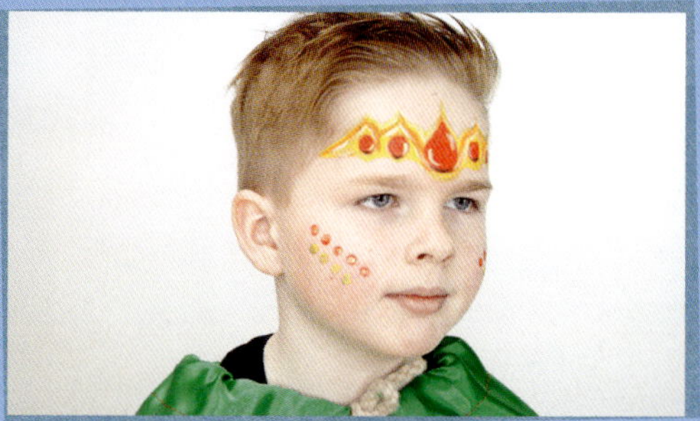

Mit einem abgerundeten Pinsel wird die Wangenpartie in Rot und Gold aufgetupft. Setzen Sie in die roten Punkte zum Schluss noch ein paar goldene Lichtreflexe.

Make it easy

## Einfache Variante:

**1** Malen Sie auf die Stirnmitte eine Krone mit drei Zacken in Gelb auf, die Sie nach Belieben mit Gold, Weiß und Orangetönen verschönern.

**2** Links und rechts der Krone werden drei kleinere Kreise in Gelb gemalt, die das Band des Diadems darstellen.

# KÖNIG

**MATERIAL** wasserlösliche Schminkfarbe in Rot, Gelb, Orange, Weiß, Schwarz und Gold • feiner Pinsel • abgerundeter Pinsel

1

Malen Sie abwechselnd mit Türkis und Blau schwungvoll mit einem breiten Pinsel von den Augen aus über die Brauen zu den Schläfen Linien oder schmale Dreiecke auf. Zeichnen Sie den Rest der Flügel genauso von den Augenwinkeln über die Wangen nach unten. Statt einem Pinsel können Sie auch ein Schwämmchen verwenden.

2

Verstärken Sie nun mit einem feinen Pinsel die Konturen, indem Sie die Linien und Dreiecke mit Farbe in Silber, Dunkelblau und Türkis nachzeichnen.

3

Mit Gold werden Feinheiten noch einmal hervorgehoben und ausgearbeitet. Zeichnen Sie einige ungleich verlaufende Linien in Gold und Türkis auf die Stirn und setzen Sie kleine Punkte auf den Nasenrücken. Einige goldene Akzente verleihen den Flügeln den letzten Schliff.

Make it easy

## Einfache Variante:

1 Tauchen Sie ihr Schwämmchen in eine bereits gemischte Cake-Palette in Blau-Grün oder mischen Sie verschiedene Blau- und Grüntöne, um einen schönen Farbverlauf der Seitenpartie zu erzielen.

2 Achten Sie darauf, dass die Farbe nicht zu trocken ist, wenn Sie sie auf die Seiten des Gesichts auftragen. Wischen Sie mit dem Schwamm gleichmäßig von innen nach außen, sodass eine Flügelform entsteht.

3 Verfeinern Sie den Farbverlauf mit schmalen Linien in Weiß und Gold.

# SCHMETTERLING

**MATERIAL** wasserlösliche Schminkfarbe in Türkis, Blau, Silber und Gold • ggf. Split-Cake in Blau-Grün • breiter Pinsel • feiner Pinsel • ggf. Schwamm

1

Zeichnen Sie mit einem feinen Pinsel und schwarzer Farbe die Form einer Fledermaus als Maske auf. Die Fledermaus besteht aus spitzen Bögen und geht bis zu den Schläfen. Malen Sie die Fledermaus mit einem mittelbreiten Pinsel schwarz aus und lassen Sie die Augen dabei frei.

2

Die Konturen der Fledermaus werden mit einem feinen Pinsel in Weiß und Gelb umrandet. Setzen Sie zunächst die weiße, dann die gelbe Linie und fahren Sie die schwarze Maske genau nach. Tragen Sie dunklen Lidschatten über die gesamte freie Augenpartie auf.

3

Nehmen Sie mit dem Finger etwas weiße Farbe auf und tupfen Sie sie ganz leicht auf die Lippen.

## Einfache Variante:

**1** Zeichnen Sie die schwarze Maske mit einem feinen Pinsel auf das Gesicht. Arbeiten Sie die spitzen Bögen heraus und formen Sie die Flügel an den Schläfen.

**2** Malen Sie die Maske in Schwarz aus. Lassen Sie die Augenpartie dabei frei.

# SUPERHELD

**MATERIAL** wasserlösliche Schminkfarbe in Schwarz, Weiß und Gelb • Lidschatten in Dunkelgrau • feiner Pinsel • mittelbreiter Pinsel

# MARIENKÄFER

**MATERIAL** wasserlösliche Schminkfarbe in Rot, Schwarz und Weiß • feiner Pinsel • breiter Pinsel • ggf. Schwamm

1

Zeichnen Sie mit einem dünnen Pinsel von der Augenbraue bis zur Wangenunterseite in Rot die Flügel auf beide Gesichtshälften. Malen Sie die Flügel mit einem breiten Pinsel gleichmäßig aus und lassen Sie die Farbe gut trocknen.

2

Malen Sie zwischen den Flügeln auf die Stirn einen großen schwarzen Kreis mit zwei Fühlern auf.

3

Mit einem feinen Pinsel können die Flügel jetzt mit lauter kleinen schwarzen Punkten verziert werden. Tragen Sie dann mit einem feinen Pinsel noch einen weißen Lichtreflex auf das Köpfchen des Marienkäfers auf.

## Einfache Variante:

**1** Nehmen Sie mit einem angefeuchteten Schwämmchen rote Farbe auf und verteilen Sie sie gleichmäßig auf beiden Wangen und der Nase.

**2** Tragen Sie nach dem Trocknen mit einem Pinsel kleine schwarze Pünktchen auf.

1

Zeichnen Sie mit einem Pinsel ein rotes Tuch von einer Schläfe über die Stirn bis zur anderen Seite. Ergänzen Sie an einer Schläfe einen Punkt für den Knoten und die beiden Tuchzipfel. Malen Sie alles mit rot aus.

2

Mit schwarzer Farbe und einem dünnen Pinsel werden Feinheiten ausgearbeitet und die Konturen des Tuchs nachgezogen. Mit weißer Farbe setzen Sie anschließend kleine Akzente.

3

Die Augenklappe wird auf die Seite gesetzt, auf der sich der Knoten des Tuchs befindet. Die Augenklappe wird mit einem Pinsel und schwarzer Farbe über das komplette Auge gemalt und über den Nasenrücken mit dem Tuch auf der Stirn verbunden.

4

Zum Schluss streichen Sie mit einem breiten Pinsel den dunklen Braunton auf den Bartschwamm und tupfen den Bart mit wenig Druck auf.

Make it easy

## Einfache Variante:

1 Zeichen Sie die Augenklappe mit schwarzer Farbe und einem dünnen Pinsel vor. Malen Sie mit einem breiteren Pinsel die Klappe komplett inklusive Augenlid aus.

2 Streichen Sie mit einem breiten Pinsel den dunklen Braunton auf den Bartschwamm und tupfen Sie den Bart vorsichtig mit wenig Druck auf.

# PIRAT

**MATERIAL** wasserlösliche Schminkfarbe in Rot, Schwarz, Weiß und Dunkelbraun • breiter Pinsel • feiner Pinsel • Bartschwamm

# PRINZESSIN

**MATERIAL** wasserlösliche Schminkfarbe in Gold, Blau, Rot, Weiß und Grün, ggf. Gelb und Silber • mittelbreiter Pinsel • feiner Pinsel

1

Tauchen Sie einen mittelbreiten Pinsel in goldene Farbe und beginnen Sie von der Stirnmitte ausgehend die Ornamente für das Diadem zu zeichnen. Dieses besteht aus drei Zacken sowie Schnörkeln, die sich über die Stirn, zu den Schläfen, bis zu den Wangenknochen erstrecken.

2

Malen Sie die drei Zacken der Krone blau aus und setzen Sie in jeden goldenen Schnörkel einen Kreis aus roter Farbe. Unter die Zacken zeichnen Sie drei rote Kreise – einen größeren und zwei kleinere.

3

Verbinden Sie mit einem feinen Pinsel die blauen Edelsteine der Krone mit Gold und Weiß und verzieren Sie die roten Kugeln über der Nase. Setzen Sie in die Edelsteine anschließend weiße Lichtreflexe.

4

Malen Sie kleine Rosen auf die Wangen. Beginnen Sie mit kleinen Kreisen in Rot und setzen Sie schwungvoll verteilt etwas weiße Farbe hinein. Geben Sie anschließend einen blauen Punkt in jede Blütenmitte. Das Blattwerk deuten Sie mit kleinen grünen Strichen an.

## Einfache Variante:

Make it easy

**1** Zeichnen Sie mit gelber Farbe in die Mitte der Stirn einen großen Tropfen, der den Edelstein des Diadems bildet.

**2** Aneinandergereihte kleinere Kreise, die Sie in Gelb aufmalen, bilden den Rest der Krone.

**3** Verzieren Sie das Diadem an den Rändern mit goldener, weißer und silberner Farbe.

**4** Auf eine Wange malen Sie eine rote Blüte in Form eines Sterns auf, die Sie ebenfalls mit Farbe in Gold und Weiß verzieren.

# Buchempfehlungen für dich

ISBN 978-3-7358-9045-0

ISBN 978-3-7358-9053-5

ISBN 978-3-7358-9069-6

ISBN 978-3-7358-9213-3

ISBN 978-3-7358-9138-9

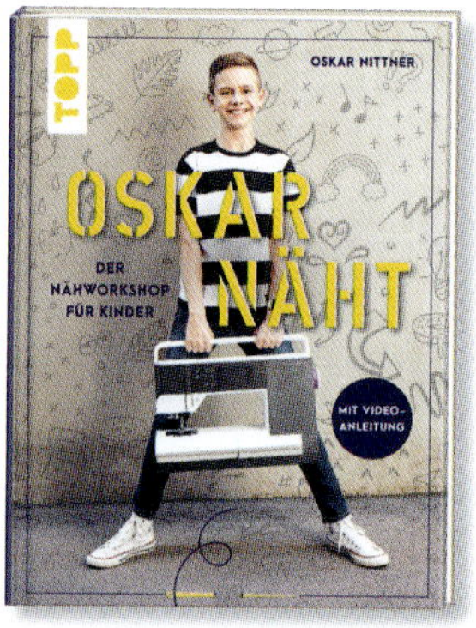

ISBN 978-3-7358-9050-4

ISBN 978-3-7358-9233-1

ISBN 978-3-7358-9252-2

ISBN 978-3-7358-9068-9

ISBN 978-3-7358-9067-2

ISBN 978-3-7358-9073-3

ISBN 978-3-7358-9074-0

Kreativ-Bücher findest du auf www.TOPP-kreativ.de

# #TOPPPROJEKT

**Die eigene Kreativität zeigen: TOPPprojekt mit anderen Kreativen teilen und Teil der Gemeinschaft werden.**

DIY-begeistert und auf Instagram? Dann unbedingt mitmachen! Hier gibt's Tipps und Feedback zu den eigenen Projekten. Außerdem verlosen wir jeden Monat ein Überraschungspaket. Um am Gewinnspiel teilzunehmen, einfach ein Bild vom Kreativ-Projekt aus unseren Büchern mit #TOPPprojekt posten und unserem Account @toppkreativ folgen. Mehr Infos auf TOPP-kreativ.de/TOPPprojekt

Mach mit beim

**#TOPPPROJEKT**

#TOPPprojekt
@toppkreativ

## Webseite

Auf TOPP-kreativ.de gibt es ein riesiges Angebot von über 1.000 Kreativ-büchern, Sets & mehr zu entdecken.

## Newsletter

Immer als Erstes von unseren Neuheiten und Sonderaktionen erfahren: TOPP-kreativ.de/newsletter

## Instagram

@toppkreativ

## Pinterest

pinterest.com/toppkreativ

## Facebook

facebook.com/toppkreativ

## DigiBib

Hier gibt es zusätzlich zu einigen unserer Bücher digitale Extras wie Video-Tutorials, Plotter-Dateien, Vorlagen, Übungsblätter & vieles mehr. Einfach im Impressum eines TOPP-Buchs nachschauen, ob dort ein Code vorhanden ist, und exklusive Inhalte freischalten auf TOPP-kreativ.de/digibib

## Youtube

youtube.com/frechverlag

**Charlie Ksiazek** wurde 1985 in Stuttgart geboren. Nach Abschluss ihrer Fachhochschulreife begann sie ihre Friseurlehre mit anschließendem Meistertitel und erlernte die Kunst des Maskenbildens. Als ausgebildete Maskenbildnerin und Make-up Artistin arbeitet sie seit Mai 2007 freischaffend. Zu den Schwerpunkten ihrer Arbeit gehören das kreieren von aktuellen Trends und Make-up Looks sowie Spezialeffekten und die Herstellung von Glatzen sowie Perücken. Heute arbeitet sie vorwiegend in den Bereichen Fotografie, Film und Fernsehen.

Wenn Sie mehr über Charlie Ksiazek erfahren wollen, besuchen Sie sie auf ihrer Homepage www.charliemakeup.com, auf Facebook (www.facebook.com/Charlie-Make-up-Artist-Hair-Stylist) oder auf Instagram (www.instagram.com/charlie.ksiazek).

# IMPRESSUM

## DANKE!

Die Redaktion dankt den Firmen Rayher (www.rayher-hobby.de) und Buttinette (www.buttinette.com) für die freundliche Bereitstellung der Schminkfarben und des Schminkzubehörs.

## SERVICE-HOTLINE

Hast du Fragen oder gibt es ein Problem?
Wir helfen dir gern. Ruf uns an oder schreib uns eine E-Mail:

Telefon: **0711 / 123 757 20*** *normale Telefongebühren
E-Mail: **hilfe@frechverlag.de**

Weitere Informationen zum Verlag und zu unserem gesamten Programm findest du unter: **www.topp-kreativ.de**

## IMPRESSUM

Neuauflage von TOPP 4967
FOTOS: frechverlag GmbH, 70839 Gerlingen; lichtpunkt, Michael Ruder, Stuttgart
AUTORENFOTO: Ondina Baier-Yanez
PRODUKTMANAGEMENT: Juliane Voorgang, Mirjam Buchwald und Cora Friedrich
LEKTORAT: Juliane Voorgang
COVERGESTALTUNG: Tatjana Weiß
LAYOUT: Konstanze Laue
DRUCK UND BINDUNG: BALTO print, Litauen



3. Auflage 2025


produktsicherheit@frechverlag.de

ISBN 978-3-7358-9114-3 • Best.-Nr. 29114

FSC www.fsc.org MIX Papier | Fördert gute Waldnutzung FSC® C107574

Penguin Random House Verlagsgruppe FSC® N001967